# CAM-wrth-GAM

## DAEARYDDIAETH

# Ffermio a Diwydiant

Patience Coster

Lluniau gan Kate Aldous
ac Andrew Farmer

**DRAKE**

ⓗ 1997 Franklin Watts

Cyhoeddwyd gyntaf ym Mhrydain gan
Franklin Watts
96 Leonard Street
London
EC2A 4RH

Franklin Watts Australia
14 Mars Road
Lane Cove
NSW 2006
Australia

ISBN: 0 86174 089 0

Mae record catalog CIP ar gyfer y llyfr hwn ar gael gan y Llyfrgell Brydeinig

Trosiad Cymraeg: Juli Paschalis

ⓗ 1997 Y testun Cymraeg
Gwasg Addysgol Drake
Cyhoeddwyd yn Gymraeg gan Wasg Addysgol Drake
Ffordd Sain Ffagan, Y Tyllgoed
Caerdydd CF5 3AE

Argraffwyd yn Dubai

Cynllunio a chynhyrchu gan The Creative Publishing Company
Dyluniad: Ian Winton
Ymgynghorydd: Philip Steele

Lluniau: Bruce Coleman: tudalen 10 (Alain Compost), tudalen 11 (Atlantide SDF), tudalen 15 (Brian J Coates); Llyfrgell Hutchinson: tudalen 7 (Edward Parker), tudalen 13, top, a gwaelod tudalen 18 (Sarah Errington), tudalen 31, top (Tony Souter); Massey Ferguson Cyfyngedig: clawr, Tony Stone Worldwide: tudalen 5 (Mary Kate Denny), tudalen 6 (Oliver Benn), tudalen 13, canol (Gary John Norman), tudalen 17, top (John Garrett), gwaelod (Greg Probst), tudalen 19 (James Strachan), tudalen 21 (Michael Rosenfeld), tudalen 24 (Paul Chesley), tudalen 27 (Walter Hodges), tudalen 31, gwaelod (Dennis O'Clair); ZEFA: tudalen 8, tudalen 9 (Englebert), tudalen 23.

# Cynnwys

Byw ar y Ddaear   4

Bwydydd Sylfaenol   6

Ffrwythau a Llysiau   8

Cnydau Eraill   10

Anifeiliaid Fferm   12

Y Flwyddyn Ffermio   14

Ffermio Ddoe a Heddiw   16

Gwledd neu Newyn   18

Gwneud Pethau   20

Trysorau'r Ddaear   22

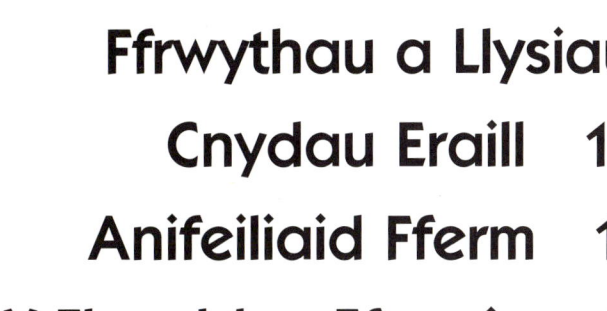

Yn y Ffatri   24

Ar y Ffordd   26

Gwasanaethu'r Cyhoedd   28

Gofalu am ein Byd   30

Geirfa   32

Mynegai   32

# Byw ar y Ddaear

Meddyliwch am y pethau rydych yn eu bwyta a'u defnyddio bob dydd. O beth maen nhw wedi eu gwneud?

Mae'r plant yn y llun hwn mewn parti. Edrychwch ar yr holl bethau maen nhw yn eu defnyddio.

het bapur

crys T cotwm

sudd oren

hufen iâ o laeth buwch

plât tsieni (crochenwaith)

Efallai bod eich bwyd wedi ei dyfu'n lleol neu mewn gwlad arall. Efallai ei fod wedi ei baratoi, wedyn, mewn ffatri neu bopty. O'r fan honno bydd wedi ei anfon i'r siop.

Rydym yn defnyddio pennau ysgrifennu, llyfrau, dillad, byrddau a setiau teledu wedi eu gwneud o ddefnyddiau fel plastig, papur, cotwm a metel. Ydyn nhw wedi eu tyfu, neu eu codi o'r ddaear? Ydyn nhw wedi eu gwneud mewn ffatri?

creision tatws

bara gwenith

llwy ddur

gwydryn plastig

bwrdd pren

# Bwydydd Sylfaenol

Rydyn ni'n defnyddio'n planed ar gyfer ein bwyd a'r deunyddiau sydd eu hangen. Mae'r bobl hyn yn codi tatws.

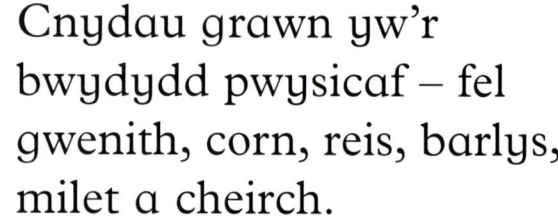

Cnydau grawn yw'r bwydydd pwysicaf – fel gwenith, corn, reis, barlys, milet a cheirch.

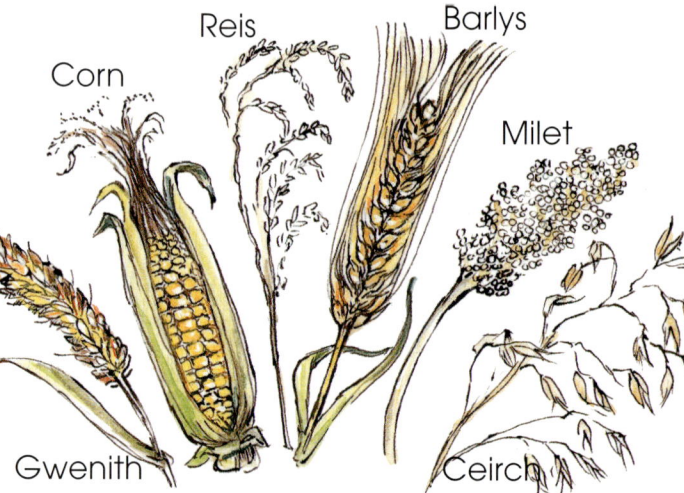

Mae reis yn tyfu mewn caeau gwlyb mewn gwledydd poeth. Dyma **brif fwyd** miliynau o bobl.

Yn Affrica ac India, mae pobl yn defnyddio llawer o filet. Yng Nghanol a De America, mae corn yn fwy pwysig. Mae'r ffermwr hwn o México yn gofalu am ei gnwd corn.

Defnyddiwn gnydau grawn i fwydo anifeiliaid a phobl.

## Gwahanol Fathau o Ffermio

Ar ffermydd âr, mae'r caeau yn cael eu defnyddio ar gyfer cnydau. Ar ffermydd bugeilio, mae'r caeau yn cael eu defnyddio i bori anifeiliaid. Mae ffermydd cymysg yn cyfuno tir âr a thir bugeilio.

# Ffrwythau a Llysiau

Rhaid bwyta llawer o wahanol fwydydd i gadw'n iach. Mae ffrwythau a llysiau yn rhoi llawer o **fitaminau**.

Sawl math o ffrwythau sydd yn y llun?

Mae'r map yn dangos rhai o'r ffrwythau a'r llysiau sy'n tyfu yng ngwahanol ranbarthau **hinsawdd** y byd.

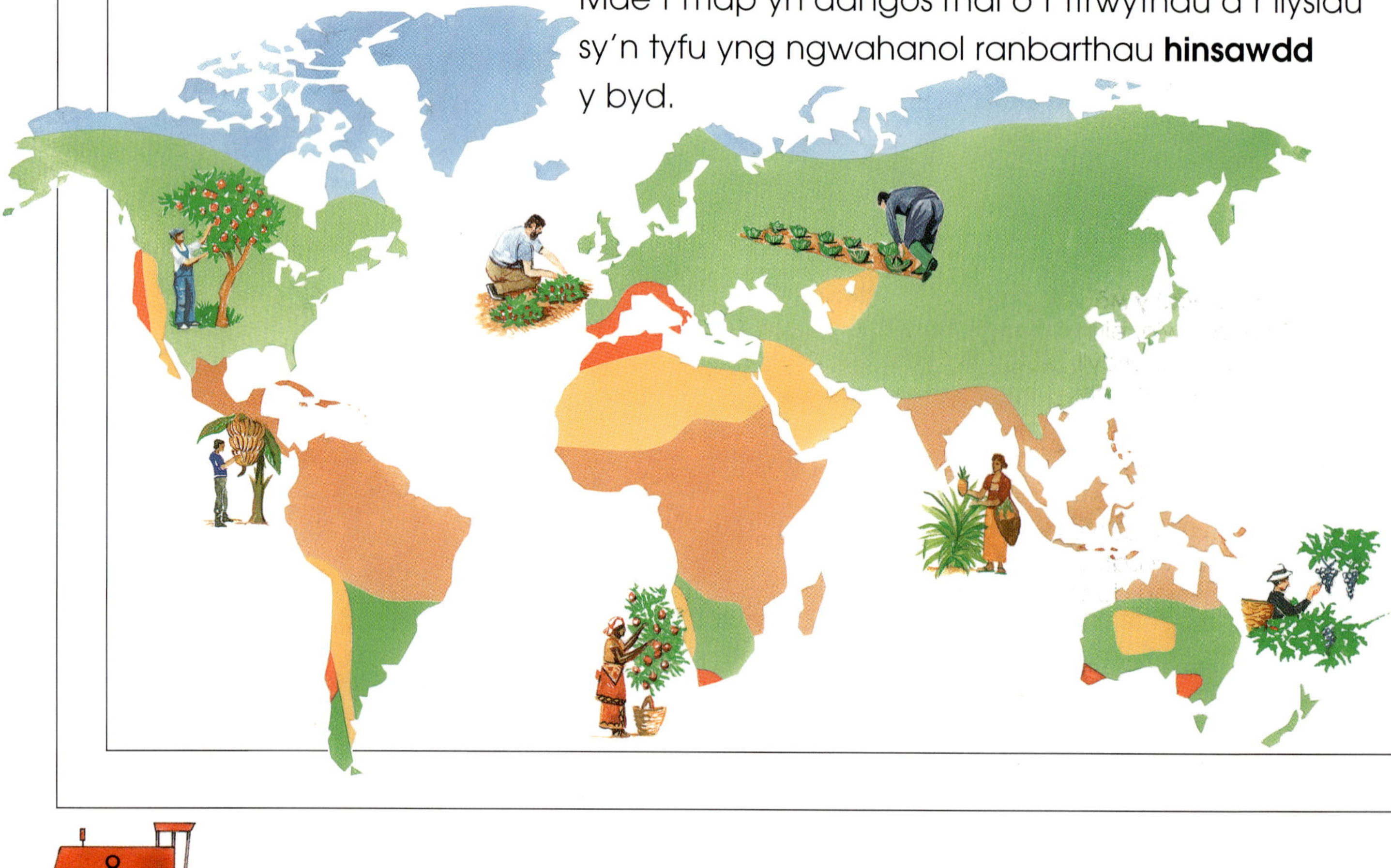

## TYFWCH EICH FFA EICH HUN!

1 Llenwch botyn planhigyn â chompost a gwthiwch bedair ffeuen iddo. Dylent fod 2cm o ddyfnder a 3cm ar wahân. Rhowch gompost dros y ffa.

2 Dyfrhewch a rhowch bapur newydd dros y potyn.

3 Pan fydd y ffa yn egino, tynnwch y papur a rhoi'r potyn ar sil ffenestr heulog. Dyfrhewch. Rhaid cynnal y ffa â phrennau gardd wrth iddyn nhw dyfu.

## ALLWEDD

**Hinsawdd Arctig**

**Hinsawdd cymedrol**
Afalau, gellyg, ceirios, mafon, mefus, eirin, tatws, moron, nionod a bresych.

**Hinsawdd y Môr Canoldir**
Grawnwin, eirin gwlanog, orennau, bricyll, pupurau, tomatos, planhigion wy ac olifau.

**Hinsawdd trofannol/monsŵn**
Bananas, pînafalau, melonau, datys, mangos, iamau, cascfa, tatws, ffa soia, cnau daear a chnau coco.

**Anialwch poeth/oer**

## Tyfu bananas

Mae bananas yn tyfu mewn gwledydd poeth. Mae clystyrau yn cael eu pigo tra'u bod yn wyrdd ac yn cael eu hanfon dramor i gael eu gwerthu. Yno maen nhw'n aeddfedu cyn cael eu cludo i'r siopau.

# Cnydau Eraill

Pa bethau eraill y mae eich teulu yn eu defnyddio? Mae te yn cael ei wneud o ddail gwrychoedd. Mae'r wraig hon yn pigo te yn Ngorllewin Sumatera.

Mae coffi a siocled yn cael eu gwneud o ffa sych sy'n tyfu mewn gwledydd poeth. Mae siwgr cên hefyd yn tyfu yno. Mewn hinsawdd oerach mae cnwd gwraidd betys siwgr yn tyfu.

Mae pren a phapur yn dod o goed wedi eu torri.

### O Blanhigion i Ddillad

Cawn hyd i ffeibr cotwm yn hadau'r planhigyn cotwm.

Caiff y ffeibr ei bigo ac yna ei nyddu yn edau.

Mae llongau a chychod yn chwilio'r môr am bysgod, ffynhonnell fwyd bwysig a **maethlon**.

Caiff yr edau ei nyddu yn ddefnydd.

Caiff dillad eu gwneud o'r defnydd.

# Anifeiliaid Fferm

Mae anifeiliaid fferm yn rhoi cig, gwlân neu ffwr, croen a chynnyrch llaeth.

Mae defaid yn rhoi cig, a gwlân.

Mae gwartheg yn rhoi cig – a llaeth sy'n cael ei droi yn fenyn, caws, hufen ac iogwrt. Mae eu crwyn yn rhoi lledr.

Mae geifr yn rhoi cig a llaeth.

Mae moch yn rhoi cig.

Mae ieir, hwyaid a gwyddau yn rhoi cig ac wyau.

Mae twrcïod yn rhoi cig.

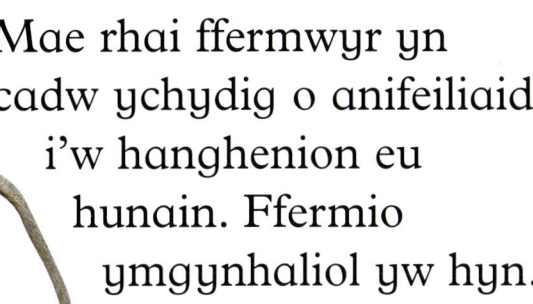

Mae rhai ffermwyr yn cadw ychydig o anifeiliaid i'w hanghenion eu hunain. Ffermio ymgynhaliol yw hyn.

Mae ffermwyr eraill yn gofalu am filoedd o anifeiliaid.

# Y Flwyddyn Ffermio

Mae blwyddyn ffermwr tir âr wedi ei drefnu o gwmpas plannu, tyfu a chynaeafu – ar adegau gwahanol o amgylch y byd, yn ôl y tymhorau.

Mae'r llun yn dangos gwaith ffermwr yn ystod y flwyddyn.

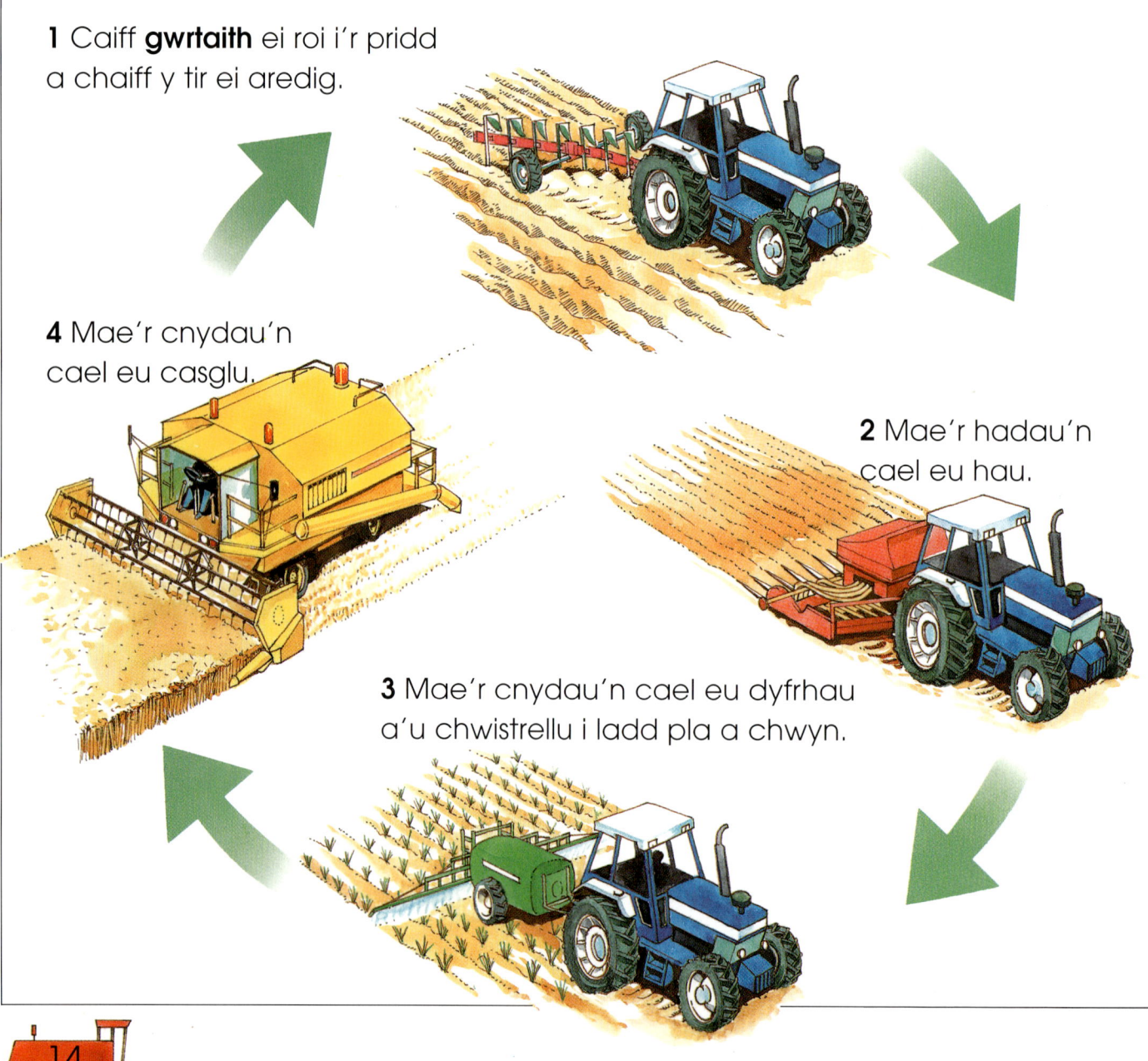

**1** Caiff **gwrtaith** ei roi i'r pridd a chaiff y tir ei aredig.

**2** Mae'r hadau'n cael eu hau.

**3** Mae'r cnydau'n cael eu dyfrhau a'u chwistrellu i ladd pla a chwyn.

**4** Mae'r cnydau'n cael eu casglu.

Mae blwyddyn ffermwr bugeiliol yn dechrau pan fydd yr anifeiliaid yn rhoi genedigaeth. Mae'r lluniau'n dangos trefn y flwyddyn.

Caiff yr ŵyn eu geni yn y gaeaf a dechrau'r gwanwyn.

Yn yr haf, caiff yr ŵyn eu cludo i'r farchnad.

Caiff rhai o'r defaid eu cadw ar gyfer bridio. Cânt eu cneifio yn yr haf a chaiff y gwlân ei werthu.

## Disgwyl y Glaw

Mewn gwledydd trofannol, mae tyfwyr reis yn dibynnu ar wynt y **monsŵn** sy'n cario glaw i ddyfrhau'r cnydau. Mae ffermwyr yn plannu planhigion reis yn y caeau gwlyb.

Yn yr hydref, mae'r ffermwr yn prynu defaid benyw ar gyfer bridio.

# Ffermio Ddoe a Heddiw

Roedd y ffermwyr cyntaf yn byw yn y Dwyrain Canol 10,000 o flynyddoedd yn ôl gan gadw anifeiliaid a thrin y tir.

Mewn rhai rhannau o'r byd, nid yw ffermio wedi newid. Mae pobl yn dal i hau hadau â llaw a thorri'r cynhaeaf â **phladuriau** neu gyllyll hir.

Mewn rhannau eraill, mae wedi newid yn llwyr. Peiriannau anferth sy'n plannu, hau a chynaeafu. Mae'r anfeiliaid yn cael eu bwydo a'u godro â pheiriannau hefyd.

# Gwledd neu Newyn

Mewn rhai rhannau o'r byd, nid yw'r pridd yn dda ar gyfer tyfu cnydau. Os nad yw'r cnydau yn tyfu, gall **newyn** mawr ddigwydd.

Gall **sychdwr**, plâu a stormydd ddifetha'r cnydau hefyd.

## GWAHANOL AMGYLCHIADAU

1 Cymerwch dri hambwrdd hadau a rhowch dywod yn un, tywod a phridd yn yr ail, a chompost yn y trydydd. Taenwch hadau pabi ar bob un.

2 Gwlychwch y pridd yn hambwrdd dau a thri yn unig.

3 Ymhen ychydig ddiwrnodau, bydd yr hadau yn hambwrdd dau a thri wedi egino. Oes gwahaniaeth rhyngddyn nhw? Ni fydd hadau hambwrdd un wedi egino.

Heb law, mae'r pridd yn troi'n llwch ac yn chwythu i ffwrdd. Mewn gwledydd poeth, sych, mae pobl yn adeiladu ffynhonnau ac yn defnyddio **systemau dyfrhau** i roi dŵr i'w cnydau. Dyma dir wedi ei ddyfrhau ger Afon Nîl yn yr Aifft.

Mewn mannau eraill o'r byd, mae'r pridd a'r hinsawdd yn well. Mae'r ffermwyr yn medru fforddio cemegolion i helpu'r cnydau i dyfu ac i ladd pryfed niweidiol. Mae'r ardaloedd hyn yn cynhyrchu mwy o fwyd nag a fedran nhw ei fwyta.

# Gwneud Pethau

Mae tyfu a gwneud pethau yn cael ei alw'n ddiwydiant. Mae ffermio yn un math o ddiwydiant, ond mae llawer math arall.

Dysgodd pobl Oes y Cerrig sut i naddu cerrig i wneud offer ac arfau.

Wedyn, dysgodd pobl sut i ddefnyddio metelau fel efydd a haearn.

Fe ddysgon nhw sut i wneud potiau clai.

Mae pobl yn dal i wneud pethau â llaw. Dyma wraig yn gwau defnydd ar wŷdd.

Dyma ddyn yn chwythu gwydr drwy bibell fetel.

Tua 250 o flynyddoedd yn ôl, dechreuodd pobl godi ffatrïoedd mawr i wneud llawer o bethau yn rhatach ac yn fwy cyflym. Rydym wedi dyfeisio pob math o beiriannau i wneud ein gwaith.

21

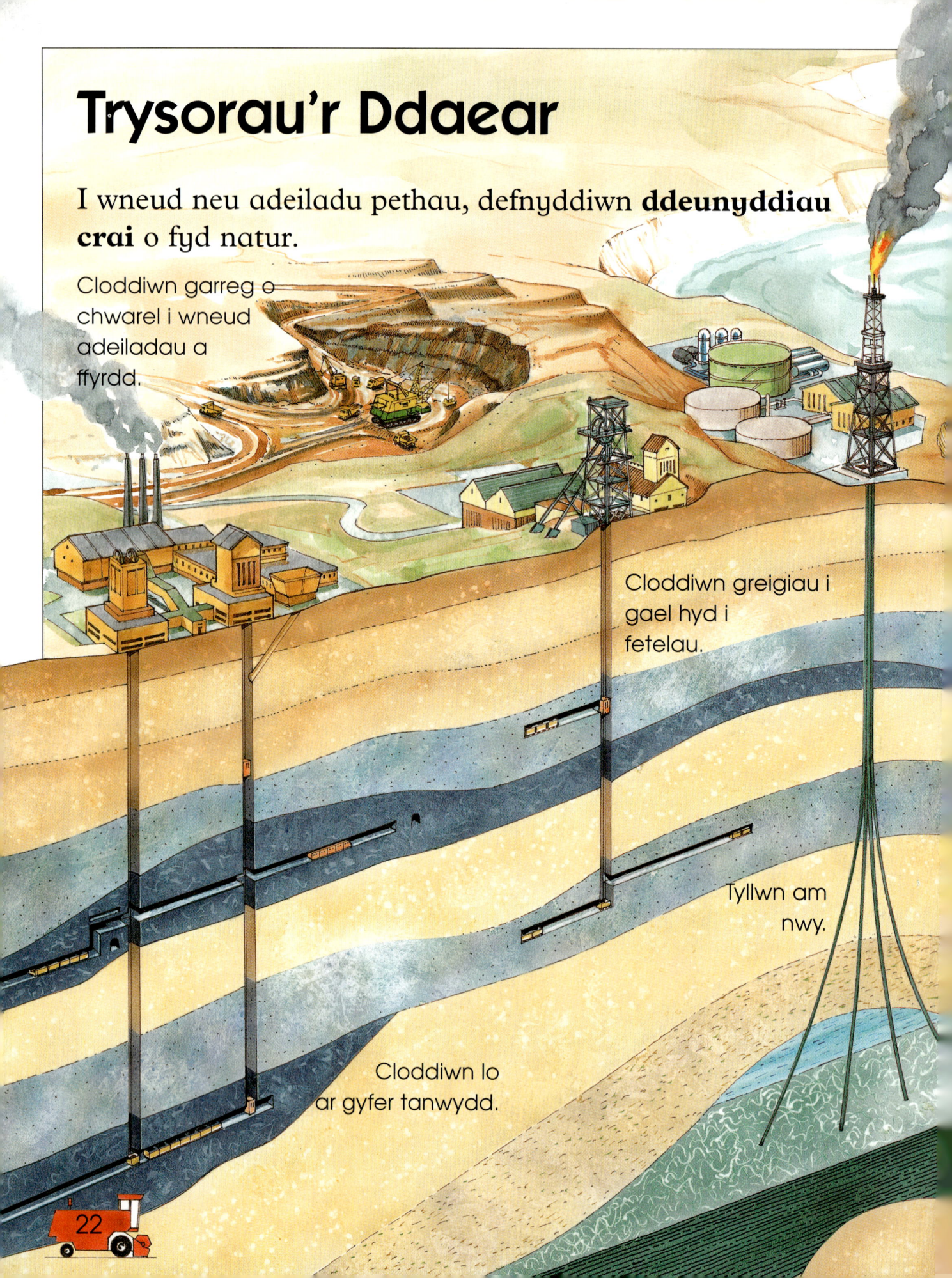

## Ynni a Diwydiant

Mae ffatrïoedd yn dibynnu ar **drydan**. Mae'n gyrru peiriannau a chyfrifiaduron ac yn rhoi golau a gwres. Mae glo, olew a **thanwydd niwclear** yn cael eu troi'n drydan mewn gorsafoedd pŵer.

Tyllwn am olew.

# Yn y Ffatri

O gwmpas y byd, mae diwydiannau yn cynhyrchu'r pethau rydym yn eu defnyddio bob dydd. Mae'r gwragedd hyn yn archwilio defnydd mewn **melin wehyddu** yn Japan.

# Gwneud Bar Siocled

**1** Caiff y ffa coco eu casglu a'u sychu a'u cludo i'r ffatri.

**2** Caiff y ffa eu rhostio.

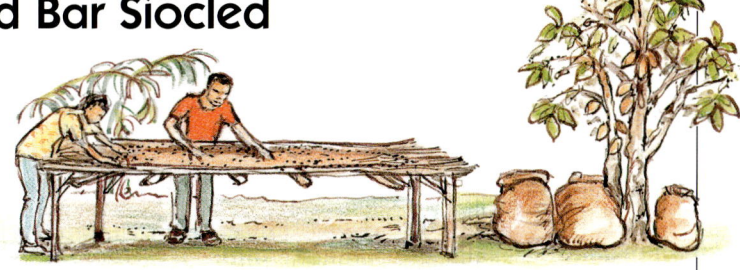

**3** Caiff y ffa eu gwasgu a'r masglau eu tynnu. Mae rholeri dur yn eu malu'n hylif trwchus. Caiff siwgr a llaeth eu hychwanegu.

**4** Caiff yr hylif ei sychu'n bowdwr. Caiff menyn coco ei ychwanegu i wneud past sy'n cael ei droi'n araf mewn peiriant am chwe awr.

**5** Caiff y past ei oeri. Caiff ei foldio yn farrau siocled, sy'n cael eu lapio mewn papur.

**6** Mae'r barrau siocled yn cael eu cludo i'r siopau.

# Ar y Ffordd

Mae diwydiant yn dibynnu ar gludo nwyddau a phobl. Mae deunyddiau crai yn cael eu cludo i'r ffatri i bethau gael eu gwneud. Mae gweithwyr yn teithio i'r ffatri. Caiff nwyddau eu cludo o'r ffatri i gael eu gwerthu.

Rhaid symud **nwyddau darfodus**, fel ffrwythau a llysiau, yn gyflym. Maen nhw'n cael eu cludo ar y ffordd neu yn yr awyr.

Caiff nwyddau trwm, fel glo a dur, eu cludo ar fôr, camlas, ffyrdd a rheilffyrdd.

Mewn gwledydd heb lawer o gerbydau, mae anifeiliaid yn cludo llwythi bach.

Mae lorïau arbennig yn cario hylifau fel llaeth.

Caiff olew ei gludo mewn tanceri, lorïau a thrwy bibellau.

## Nwyddau ar y Ffordd

Mae lorïau enfawr yn medru cario llwythi hyd at 50 tunnell fetrig.

# Gwasanaethu'r Cyhoedd

Yn ogystal â gwneud a thyfu pethau mae pobl yn gweithio mewn swyddfeydd, gwestyau, siopau, ysbytai, a banciau. Maen nhw'n cyfansoddi, yn gwneud ffilmiau ac yn arlunio. Maen nhw'n gwagio biniau sbwriel ac yn glanhau'r strydoedd. Mae yna gogyddion a gweinyddion. Pob un yn cynnig gwasanaeth i'r cyhoedd.

### GWNEWCH SIOP

**1** Gwnewch lolis iâ drwy adael moldiau sy'n cynnwys sudd ffrwythau yn y rhewgell dros nos. Gofynnwch i oedolyn eich helpu i wneud siop o hen fwrdd, dowel a phapur lliwgar.

**2** Hysbysebwch eich siop ag arwydd y tu allan i'r tŷ. Gwerthwch y lolis i'ch ffrindiau. Beth fydd eu pris?

# Gofalu am ein Byd

Gall ffermio a diwydiant greu niwed i'r **amgylchedd**.

Os tyfwn ormod heb roi'r daioni yn ôl, aiff y pridd yn ddiwerth. Os defnyddiwn gemegolion ar dir y fferm gallwn ladd bywyd gwyllt.

Mae gwastraff o ffatrïoedd yn gwenwyno tir, afon a môr a nwyon **ecsóst** ceir a simneiau ffatrïoedd yn gwenwyno'r aer.

Mae gwyddonwyr yn ceisio dysgu sut i dyfu a gwneud pethau heb niweidio'r blaned. Dyw ffermwyr organig ddim yn defnyddio cemegolion. Mae llawer o ddiwydiannau yn defnyddio deunyddiau **diwenwyn** ac yn fwy gofalus wrth waredu gwastraff.

### Ailgychu i'r Dyfodol

Gallwn ddefnyddio llawer o bethau drosodd a thro. Gallwn fynd â chaniau, poteli, jariau, papurau newydd a chylchgronau i finiau ailgylchu arbennig. Fel hyn gallwn ofalu am adnoddau'r Ddaear.

# Geirfa

**Amgylchedd:** Y byd naturiol o'n cwmpas; tir, afonydd ac ati

**Deunyddiau crai:** Deunyddiau yn eu ffurf naturiol

**Diwenwyn:** Heb fod yn wenwynig

**Ecsóst:** Nwyon wedi eu defnyddio mewn injan cerbyd

**Fitaminau:** Sylweddau mewn bwyd sydd yn bwysig ar gyfer maeth a thyfiant pobl

**Gwrtaith:** Sylweddau gaiff eu rhoi yn y pridd i wella tyfiant planhigion

**Hinsawdd:** Y math o dywydd sydd yn gyffredin mewn ardal arbennig dros lawer o flynyddoedd

**Maethlon:** Llawn daioni

**Melin wehyddu:** Melin sy'n cynhyrchu brethyn

**Monsŵn:** Gwynt yn Ne Asia, sy'n chwythu o'r de-orllewin yn yr haf a'r gogledd-ddwyrain yn y gaeaf

**Newyn:** Prinder bwyd difrifol

**Nwyddau darfodus:** Nwyddau sy'n pydru neu'n mynd yn ddrwg yn gyflym

**Pladur:** Offer â llafn hir sengl i dorri cnydau â llaw

**Prif fwyd:** Y bwyd gaiff ei fwyta amlaf mewn ardal arbennig

**Sychdwr:** Prinder dŵr difrifol

**Systemau dyfrhau:** Systemau sy'n cyflenwi dŵr i'r tir drwy sianelau a ffosydd o waith dynion

**Tanwydd niwclear:** Deunydd, fel wraniwm a phlwtoniwm, gaiff ei ddefnyddio i wneud ynni niwclear

**Trydan:** Math o egni a ddefnyddir ar gyfer goleuo, cynhesu ac ati

# Mynegai

Ailgylchu 31

Bananas 9
Barlys 6
Betys siwgr 10

Ceirch 6
Cemegolion 19, 30-31
Cludiant 26-27
Cnydau grawn 6-7
Coffi 10
Corn 6-7
Cotwm 5, 10-11
Crochenwaith 4, 20

Chwareli 22

Defaid 12, 15
Defnydd 21, 24
Dofednod 12-13
Dur 5, 26
Dyfrhau 19

Ffa 9
Ffatrïoedd 4-5, 21, 23, 25, 26, 30-31
Ffermio âr 7, 15
Ffermio bugeiliol 7, 15
Ffermio organig 31
Ffermio ymgynhaliol 13
Ffrwythau 8, 26

Geifr 12
Gwartheg 12-13
Gwenith 5, 6
Gwrtaith 14
Gwydr 21

Llaeth 4
Llysiau 8, 26

Metelau 20
Milet 6, 7
Moch 12
Mwyngloddio 22

Monsŵn 15

Newyn 18
Nwy 22

Olew 23, 27
Orennau 4

Plastig 4-5
Pren 4, 10
Pysgota 11

Reis 6, 15

Siocled 10, 25
Siwgr cên 10

Tanwydd niwclear 23
Tatws 5, 6
Te 10
Trydan 23